ANALIZA KSIĄŻKI

AF156548

Stracone złudzenia

· · · · · · · · · · · · · · · · ·

Honoré de Balzac

ANALIZA KSIĄŻKI

Napisany przez Magali Vienne
Przetłumaczony przez Kâmil Kowalski

Stracone
złudzenia

HONORÉ DE BALZAC

HONORÉ DE BALZAC

PISARZ FRANCUSKI

- **Urodził się w Tours w 1799 roku.**

- **Zmarł w Paryżu w 1850 roku.**

- **Godne uwagi prace:**

  - *Szuanie* (1829), powieść

  - *Eugenia Grandet* (1833), powieść

  - *Ojciec Goriot* (1835), powieść

Honoré de Balzac był jednym z najważniejszych pisarzy francuskich XIX wieku. Już jako młody człowiek wywalczył sobie miejsce w świecie paryskiej arystokracji i szybko stał się stałym elementem jej sceny towarzyskiej. Wkrótce jednak został zrujnowany przez serię fatalnych przedsięwzięć biznesowych i dekadencki styl życia. Ogromne długi, które narosły, mógł spłacić tylko dzięki pisarstwu, które realizował z wielkim entuzjazmem i pracowitością.

Jego wzniosłe ambicje literackie doprowadziły do rozpoczęcia monumentalnego dzieła znanego jako *La Comédie Humaine* ("Komedia ludzka"), które składa się z ponad 90 powieści i nowel, a jego celem było namalowanie wszechstronnego portretu XIX-wiecznego społeczeństwa francuskiego z poziomem szczegółowości dorównującym nawet oficjalnym aktom cywilnym. Najbardziej znane powieści z tej serii to *Eugenia Grandet* (1833) i *Ojciec Goriot* (1835).

Balzac uważany jest za jednego z ojców założycieli nowoczesnej powieści realistycznej.

STRACONE ZŁUDZENIA

BALZAKOWSKI REALIZM W NAJLEPSZYM WYDANIU

- **Gatunek:** powieść

- **Wydanie referencyjne:** Balzac, H. (2004) *Stracone złudzenia*. Trans. Małżeństwo, E. [online]. Urbana: Project Gutenberg. [Dostęp 27 lipca 2018]. Dostępny w: <http://www.gutenberg.org/ebooks/13159>.

- **Pierwsze wyd:** 1837-1843

- **Tematy:** salony literackie, miłość, dziennikarstwo, zemsta, wynalazek

Powieści *La Comédie Humaine* dzielą się na trzy główne kategorie: *Études de mœurs* ("Studia obyczajowe"), *Études philosophiques* ("Studia filozoficzne") i *Études analytiques* ("Studia analityczne").

Stracone złudzenia należą do kategorii *Études de mœurs*, a dokładniej do podkategorii *Scènes de la vie de province* ("Sceny z życia wiejskiego"). Powieść ta, napisana w latach 1836-1843, jest jednym z najdłuższych dzieł Balzaka i stanowi historię dojrzewania, zawierającą wiele elementów autobiograficznych. Opowiada historię dwóch młodych intelektualistów, z których jeden marzy o sukcesie jako autor, a drugi ma nadzieję zrewolucjonizować przemysł drukarski w swoim rodzinnym Angoulême.

Po powieści powstał sequel, *Splendeurs et misères des courtisanes* (tłumaczony różnie jako "Splendory i nieszczęścia kurtyzan" lub "Blaski i nędze życia kurtyzany"), który ukazywał się seryjnie w latach 1838-1847. Niektóre z postaci drugoplanowych w *Straconych złudzeniach* zajmują również centralne miejsce w innych powieściach *La Comédie Humaine*, w tym panna des Touches w *Béatrix* (1839).

PODSUMOWANIE

CZĘŚĆ 1: DWAJ POECI

Lucien Chardon i jego przyjaciel z dzieciństwa David Sechard pracują razem w drukarni. Po śmierci ojca, który był miejskim aptekarzem, Lucien musi przystosować się do skromniejszego stylu życia i żyć z zarobków matki, byłej arystokratki, która straciła majątek, oraz siostry Eve. Lucien spędza wolny czas pisząc poezję i próbując zaistnieć w wyższych sferach Angoulême. W końcu zostaje przyjęty do salonu prowadzonego przez panią Louise de Bargeton, gdzie zostaje zaproszony do czytania swoich prac. Lucien szybko staje się obiektem wielkiej zazdrości ze strony innych członków salonu, zarówno ze względu na swój dobry wygląd, jak i na coraz bardziej rażącą uwagę, jaką obdarza go pani de Bargeton. W szczególności przyciąga to gniew barona Sixte du Chatelet, który chce uczynić panią de Bargeton swoją kochanką. Chatelet zwraca więc środowisko Angoulême przeciwko Lucienowi i próbuje go zdyskredytować, podkreślając jego niską pozycję społeczną.

W międzyczasie David poślubia siostrę Luciena, Eve.

Plotki zaczynają się rozchodzić o związku Luciena i Louise, która prosi męża, by wyzwał na pojedynek jednego z mężczyzn stojących za tą plotką. W wyniku tego wydarzenia pan de Bargeton zostaje ranny i zmuszony do udania się na rekonwalescencję do swojego wiejskiego domu. Louise korzysta z okazji i ucieka z Lucienem do Paryża, gdzie ma nadzieję wprowadzić go do paryskich wyższych sfer i pomóc mu odnieść prawdziwy sukces w świecie literatury.

CZĘŚĆ 2: WYBITNY PROWINCJAŁ W PARYŻU

Po przyjeździe do Paryża uczucie dwojga kochanków zaczyna słabnąć, ponieważ każde z nich zaczyna porównywać się z mężczyznami i kobietami z paryskich wyższych sfer i stwierdza, że w porównaniu z nimi nie ma nic. Gdy Louise zaczyna spędzać czas ze swoją kuzynką, panią d'Espard, zdaje sobie sprawę, że nigdy nie będzie traktowana poważnie, gdy pozostanie z Lucienem, co prowadzi do ich rozstania.

Lucien przeżywa również rozczarowanie, gdy uświadamia sobie, że zostanie poetą odnoszącym sukcesy w Paryżu będzie o wiele trudniejsze niż myślał. Wpada w oko grupie intelektualistów z różnych dziedzin i staje się częścią ich kręgu towarzyskiego, co stanowi dla niego źródło motywacji do pracy. Później poznaje Etienne Lousteau, młodego dziennikarza, który postanawia wziąć Luciena pod swoje skrzydła i pomóc mu zaistnieć w świecie dziennikarstwa. Jednak inni przyjaciele Luciena ostrzegają go przed kontynuowaniem tej kariery i stopniowo oddalają się od siebie.

Kariera dziennikarska Luciena jest początkowo bardzo udana, Etienne załatwia mu posadę krytyka teatralnego i literackiego, wprowadza go w świat wydawnictw i teatru. Pomaga też Lucienowi wydać zbiór jego własnych wierszy, a także pierwszą powieść. Kiedy dowiaduje się o dawnym związku Luciena z Louise de Bargeton, Etienne sugeruje, że Lucien powinien zemścić się publikując satyryczne artykuły na temat pani d'Espard i jej przyjaciół.

Niedługo potem Lucien poznaje młodą aktorkę Coralie, która jest kochanką bogatego kupca M. Camusot. Lucien wkrótce nawiązuje romans z Coralie, który rozpoczyna dla niego okres wielkiego sukcesu osobistego i zawodowego. Niestety, radość szybko bierze górę, a jego próby awansu w paryskim społeczeństwie doprowadzają go do ogromnych długów. Koledzy coraz bardziej zazdroszczą mu sukcesu i mają dość jego błyskotliwych, ale ostrych artykułów. Podstępem zmuszają go do podjęcia złych decyzji zawodowych, takich jak przyjęcie pracy w gazecie konkurencyjnej do tej, w której pracują jego byli przyjaciele. To niszczy jego relacje z nimi na dobre, a ich wyższa pozycja społeczna pozwala im całkowicie zrujnować jego reputację i zostawić go całkowicie odciętego od społeczeństwa. Nie znajduje już nikogo, kto chciałby publikować jego artykuły, nie jest już traktowany specjalnie w teatrze, a sprzedaż jego książek drastycznie spada, przez co nie jest w stanie spłacić swoich długów. Jego próba zemsty na pani de Bargeton również wraca, by go prześladować, ponieważ spalił mosty ze szlachtą i nie może znaleźć wsparcia z tej dzielnicy. Jest tak zdesperowany, że w końcu zaciąga wiele pożyczek na nazwisko Davida.

Coralie choruje i nagle umiera, więc Lucien wykorzystuje część pożyczonych pieniędzy, by zapłacić za jej pogrzeb. Zdając sobie sprawę, że nie ma przyjaciół, pieniędzy i perspektyw, postanawia wrócić do rodzinnego miasta.

CZĘŚĆ 3: EVE I DAVID

Po powrocie Lucien odkrywa, że jego działania pogrążyły Eve i Davida w ruinie finansowej, gdyż zostali oni nachodzeni przez windykatorów, którzy żądają od Davida zwrotu pożyczonych przez Luciena pieniędzy.

Po odejściu Luciena zainteresowanie Davida drukarnią nieco osłabło, ponieważ poświęcił się on całkowicie badaniom nad nowymi metodami produkcji papieru. Jednak Eve zaczęła pracować w drukarni na pełny etat, kiedy zauważyła, że interes zaczyna szwankować i udało jej się całkowicie zmienić firmę. Przyciąga to jednak uwagę braci Cointet, którzy są właścicielami największej drukarni w regionie i jedynymi rywalami Davida w interesach. Są oni zaniepokojeni faktem, że prasa Secharda szybko odnosi sukcesy dzięki smykałce biznesowej Eve i postanawiają uciec się do podstępnej taktyki, aby ją sabotować, wykupując jednego z pracowników Davida, próbując odkryć, co próbuje on wynaleźć.

Bracia Cointet wchodzą w posiadanie weksli sfałszowanych przez Luciena i zaczynają domagać się od Sechardów spłaty długu. Z pomocą adwokata udaje im się nawet doprowadzić do umieszczenia Davida w więzieniu dla dłużników, po czym proponują mu zakup prasy drukarskiej Secharda i patentu na jego wynalazek. To zlikwidowałoby jego długi i dało mu środki finansowe na przeżycie.

Lucien próbuje pomóc swojemu przyjacielowi i siostrze, ale nie jest w stanie być przydatny. Kiedy David zostaje aresztowany, postanawia uciec po raz kolejny, i pozostawia list pożegnalny dla swojej siostry, aby go znalazła. Jednak gdy wyrusza w drogę, ma przypadkowe spotkanie z jezuickim księdzem o imieniu Abbe Carlos Herrera, który oferuje Lucienowi wyjazd do Paryża jako jego osobisty sekretarz. Lucien jest zaintrygowany i przebywa z nim pewną drogę, zanim ostatecznie zgadza się na propozycję księdza, w którym to momencie ksiądz obiecuje wysłać pieniądze do Eve. Jednak w sequelu *Blaski i nędze życia kurtyzany* okazuje się, że ten "ksiądz" nie jest tym, za kogo się podaje: jego prawdziwą tożsamością jest Vautrin, kryminalista, który pojawia się również w wielu innych dziełach Balzaka, w tym w *Ojcu Goriocie*.

Eve i David przyjmują ofertę Cointetów i przenoszą się na ziemię należącą do ojca Davida, gdzie kupują mały domek z winnicą. Po śmierci ojca Davida dziedziczą również ziemię, co daje im wystarczające środki do wygodnego życia. Tymczasem bracia Cointet zarabiają fortunę na wynalazku Davida, który rewolucjonizuje przemysł drukarski, ale David nie może korzystać z owoców swojej pracy z powodu decyzji o sprzedaży patentu.

STUDIUM POSTACI

LUCIEN CHARDON

Lucien jest jednym z dwóch bohaterów książki. Urodził się w ubogiej dzielnicy Angoulême, a na początku powieści jest młodym poetą, który pragnie zostać sławnym pisarzem. Po tym jak przez całe życie był rozpieszczany przez matkę i siostrę oraz nieustannie komplementowany przez najlepszego przyjaciela, Lucien stał się niezwykle egocentryczny. Jego dobry wygląd otwiera przed nim wiele drzwi, ale fakt, że polega wyłącznie na swojej atrakcyjności, próbując poradzić sobie w świecie, często sprawia, że ludzie zwracają się przeciwko niemu. Pragnienie uznania skłania go do przyjęcia arystokratycznego nazwiska panieńskiego matki "de Rubempre", a fascynacja ekstrawagancją paryskich przyjęć, na które jest zapraszany, prowadzi go do zaciągania ogromnych długów, próbując naśladować dekadencki styl życia swoich przyjaciół. Jest marzycielem i raczej leniwy, wybiera łatwą drogę do sukcesu, zostając dziennikarzem, zamiast kontynuować pracę nad swoją poezją i powieścią.

DAVID SECHARD

Davis jest drugą centralną postacią powieści. Ten idealistyczny młody wynalazca popada w długi po zakupie prasy drukarskiej ojca i jest zdecydowany wynaleźć nową metodę produkcji papieru, która zrewolucjonizowałaby przemysł drukarski. Jest beznadziejnie zakochany w Eve i całkowicie lojalny wobec Luciena; zgadza się nawet finansować wyczyny przyjaciela w Paryżu, co w końcu doprowadza go do poważnych kłopotów finansowych. Po ślubie z Eve, stopniowo przekazuje jej codzienne zarządzanie drukarnią, aby mógł poświęcić więcej czasu na swoje badania nad produkcją papieru. Jest zasadniczo uczciwy i życzliwy, lubiany przez swoich pracowników. Pieniądze go nie interesują i postanawia zrezygnować z praw do swojego wynalazku, aby zbudować stabilne życie dla swojej rodziny.

EVE CHARDON

Eve jest siostrą Luciena i uosabia zarówno siłę, jak i łagodność. Na początku powieści poświęca całe swoje życie, aby zapewnić Lucienowi sukces i szczęście, ale jej priorytety zmieniają się po tym, jak Lucien wyjeżdża do Paryża, a ona wychodzi za mąż. Od tego momentu poświęca całe swoje serce i duszę, by zapewnić sukces rodzinnej firmie, jednocześnie starając się pogodzić obowiązki matki i kierowniczki drukarni. Dzięki sprytowi i inteligencji udaje jej się podreperować finanse firmy, ale rywale w interesach i tak ją przechytrzają.

D'ARTHEZ

Daniel d'Arthez jest młodym intelektualistą, należy do kręgu młodych myślicieli zwanego *cenacle*. Jest pierwszym przyjacielem Luciena w Paryżu i ostrzega go przed światem dziennikarstwa i pokusami życia w stolicy, jednocześnie zachęcając go do kontynuowania pisania; w rzeczywistości trafnie przewiduje, że jeśli Lucien zostanie dziennikarzem, doprowadzi to do jego upadku. Otwiera również oczy Eve na prawdziwą naturę jej brata, ale pozostaje ona lojalna wobec Luciena nawet po tym, jak ten zdradza ją zostając dziennikarzem.

ETIENNE LOUSTEAU

Etienne to przebiegły, cyniczny osobnik, który reprezentuje świat dziennikarstwa i uosabia panującą w nim hipokryzję. Kiedy uświadamia sobie, że Lucien mógłby pomóc w jego karierze, natychmiast zaczyna przedstawiać go swoim dziennikarskim kolegom i przełożonym. Nie waha się jednak zdradzić Luciena, gdy zdaje sobie sprawę, że jego sukces może zaszkodzić jego własnym perspektywom, i jest częściowo odpowiedzialny za upadek Luciena.

PANI DE BARGETON

Louise de Bargeton jest niekwestionowaną królową wyższych sfer w Angoulême i na początku powieści staje się zarówno patronką Luciena, jak i jego pierwszą miłością. Kiedy życie w Angoulême zaczyna ją nudzić, postanawia wyjechać do Paryża, by spotkać się ze swoją kuzynką, panią d'Espard, i proponuje, by Lucien jej towarzyszył, by mogła wprowadzić go do paryskich wyższych sfer i pomóc mu odnieść sukces jako poeta. Jednak magia szybko pryska, gdy docierają do stolicy Francji, ponieważ zdaje sobie sprawę, że prowadzenie romansu z młodym poetą bez grosza przy duszy sprawia, że wydaje się głupia. Jej próżność skłania ją w końcu do zakończenia związku z Lucienem, by chronić własną pozycję społeczną.

CORALIE

Coralie to druga miłość w życiu Luciena. Jest 16-letnią aktorką, która jest kochanką bogatego kupca, ale kończy z nim romans z powodu gorącej miłości do Luciena. Umiera jednak kilka miesięcy później, przygnieciona ciężarem długów zaciągniętych przez luksusowy styl życia, jaki prowadziła z Lucienem, oraz drobnymi sprzeczkami w teatrze.

BARON SIXTE DU CHATELET

Chatelet jest arystokratą i dandysem, który często spędza czas w Angoulême. Przed pojawieniem się Luciena na scenie, próbował on uwieść panią de Bargeton w nadziei na zdobycie jej majątku, co wywołuje rywalizację między tymi dwoma mężczyznami. Po zakończeniu związku Luciena z Louise, on i jego przyjaciele dziennikarze zaczynają oczerniać Chateleta w prasie. Kiedy Lucien wraca do Angoulême, dowiaduje się, że baron poślubił panią de Bargeton.

ANALIZA

POWIEŚĆ REALISTYCZNA

Pisząc tę powieść, Balzac chciał stworzyć jak najbardziej wszechstronny i realistyczny portret świata literackiego swoich czasów i wszystkich zawodów, które ten świat obejmował. W związku z tym powieść jest pełna długich, drobiazgowo szczegółowych opisów, które obejmują zarówno praktyczne, jak i intelektualne aspekty każdego zawodu, pozwalając czytelnikowi stworzyć żywy obraz mentalny każdego obiektu i koncepcji, które opisuje. Przykładem takich fragmentów są opisy prasy drukarskiej Davida Secharda, różnych księgarni, które pojawiają się w trakcie powieści, oraz restauracji Flicoteaux, w której zbierają się młodzi pisarze. Balzac stara się również odtworzyć atmosferę każdego z tych miejsc i próbuje nadać im jeszcze bardziej realistyczny charakter, przedstawiając kilka prawdziwych miejsc i włączając do nich kilka prawdziwych osób jako bohaterów: na przykład francuski pisarz i polityk Benjamin Constant (1767-1830) pojawia się w księgarni Dauriat.

Aby uzyskać taki efekt, Balzac przeprowadził drobiazgowe badania: odwiedził nawet Angoulême, aby jego opisy miasta i wędrówki bohaterów były jak najbardziej realistyczne. Jeśli zawiodła go pamięć co do jakiegoś szczegółu, nie wahał się poprosić kogoś z okolicy o potwierdzenie prawdziwości tego, co napisał.

Balzac wykorzystał także realistyczny charakter powieści do przedstawienia ostrej krytyki świata dziennikarskiego, czerpiąc inspirację z własnych doświadczeń w tej dziedzinie. Na początku swojej kariery Balzac pracował jako pisarz w liberalnej gazecie, a następnie w gazecie legitymistycznej (legitymiści byli frakcją rojalistyczną popierającą pretensje najstarszej gałęzi dynastii Burbonów do tronu francuskiego), co pozwoliło mu dokładnie poznać rywalizację, machinacje i wewnętrzne funkcjonowanie sektora dziennikarskiego, a w końcu sprawiło, że stał się nim zniesmaczony. Co więcej, kilka jego powieści zostało ostro skrytykowanych przez prasę, co jeszcze mocniej nastawiło go do tej dziedziny i prawdopodobnie wpłynęło na decyzję o przedstawieniu jej w tej powieści w tak niekorzystnym świetle. Jednak niepokoiła go również władza, jaką sprawowali ówcześni dziennikarze, którzy mogli wykorzystać wolność słowa jako pretekst do rozpoczęcia lub zrujnowania kariery danej osoby i manipulować opinią publiczną według własnego uznania. Balzac chciał potępić te praktyki, podkreślając hipokryzję i korupcję panującą w tej dziedzinie, co ilustruje w *Straconych złudzeniach* poprzez schematy, jakimi Lousteau posługuje się, by zostać redaktorem naczelnym, oraz sposób, w jaki dziennikarze traktują aktorki i świat teatru w ogóle: w powieści wiele aktorek jest kochankami bogatych mężczyzn i wykorzystuje pieniądze swoich kochanków, by przekupić dziennikarzy, by pisali pochlebne recenzje ich pracy na scenie. Balzac podkreśla również celowy charakter ich pracy, przedstawiając zemstę Luciena na pani de Bargeton, która polega na publikowaniu satyrycznych artykułów na jej temat, co czyni ją pośmiewiskiem całego Paryża.

POWIEŚĆ KONTRASTÓW

Stracone złudzenia to powieść zbudowana na kontrastach, co widać nawet w jej strukturze narracyjnej: Część pierwsza skupia się na życiu na wsi, podczas gdy część druga opisuje życie w Paryżu; podobnie część druga obraca się wokół życia Luciena, podczas gdy David jest centralną postacią w części trzeciej.

Przykładów przeciwieństw jest w powieści znacznie więcej:

- **Otoczenie:** Paryż, który symbolizuje innowacyjność i nowoczesność, zostaje skontrastowany z wsią, gdzie kwitnie konserwatyzm i nie ma miejsca na sztukę.

- **Sektory społeczne:** świat dziennikarski, który został skorumpowany przez pragnienie władzy, uznania i bogactwa, jest przeciwstawiony bardziej intelektualnemu światu *cenzury,* który ceni sobie zasługi artystyczne ponad korzyści finansowe. Podobnie arystokraci z Angoulême są przeciwstawieni drobnomieszczaństwu z L'Houmeau.

- **Postacie:** każda z postaci ma swoje przeciwieństwo, które jest zupełnie niepodobne do niej zarówno pod względem wyglądu, jak i osobowości. Kilka postaci może być nawet skontrastowanych z wieloma innymi, w zależności od danej cechy:

  - Uroda Luciena jest często określana jako kobieca, natomiast David jest bardziej postawny;

  - Lucien jest egoistyczny i ambitny, natomiast David jest bezinteresowny i powściągliwy;

- Sukces Coralie zawdzięcza swojemu talentowi, natomiast Florine stosuje podstępne taktyki, aby wznieść się na szczyt;

- Coralie jest młoda, natomiast Louise jest starsza;

- Lousteau jest obłudny i tnie koszty, by zarobić więcej pieniędzy, podczas gdy d'Arthez jest pracowity i uczciwy; itd.

Te kontrasty są stale obecne w powieści aż do końca, kiedy to pragnienie Luciena sukcesu i uznania za wszelką cenę skłania go do powrotu do Paryża, nieszczęśliwego i samotnego, bez żadnych planów na przyszłość, podczas gdy David i Eve, którzy porzucili marzenia o sukcesie, wiodą proste, ale szczęśliwe życie na wsi w pobliżu Angoulême, bezpieczni od zagrożenia biedą.

W DUŻEJ MIERZE AUTOBIOGRAFICZNA OPOWIEŚĆ

La Comédie Humaine była w dużej mierze inspirowana życiem samego Balzaka, jak również jego przyjaciół i znajomych, a *Stracone złudzenia* to jedna z najbardziej autobiograficznych powieści w całym cyklu. W tej powieści zmagania różnych bohaterów odzwierciedlają jego własną drogę do miejsca, do którego dotarł pisząc książkę. Ponadto relacja między Davidem a Lucienem wydaje się odzwierciedlać zarówno jego osobiste rozumienie platonicznej miłości i lojalności, jak i jego własną przyjaźń z Julesem Sandeau (francuski pisarz, 1811-1883).

Wiele z autobiograficznych elementów powieści jest związanych z jednym lub obydwoma bohaterami, choć wiele postaci drugoplanowych również posiada pewne fizyczne lub psychologiczne cechy Balzaka. Na przykład opis wyglądu fizycznego Davida silnie przypomina Balzaca, a jego decyzja o próbie pójścia w ślady ojca i zarabiania na życie jako drukarz jest echem życia samego Balzaca. Co więcej, Davidowi udaje się wynaleźć nową metodę produkcji papieru, co również było jednym z marzeń Balzaka, choć nigdy nie zostało zrealizowane. Wreszcie opis prasy drukarskiej Davida oparty jest na prasie z Rue Visconti, której właścicielem był Balzac.

Z drugiej strony Lucien reprezentuje wiele wad pisarza, zwłaszcza jego próżność i ambicję. Podobnie jak Lucien, Balzac przybył do Paryża jako młody poeta w poszukiwaniu sławy i szczęścia, a związek między nimi podkreśla fakt, że Balzac używa wierszy, które napisał w młodości, do przedstawienia poezji Luciena. Co więcej, kiedy Lucien dyskutuje ze swoimi przyjaciółmi dziennikarzami, opowiada się za ideami, które w tamtym czasie głosił również Balzac. Wreszcie, romans Luciena z panią de Bargeton był w dużej mierze inspirowany własnymi doświadczeniami pisarza ze starszymi kobietami.

Niemniej jednak, mimo że w powieści pojawia się wiele elementów autobiograficznych, nie jest ona właściwie autobiografią Balzaca, a raczej zupełnie odrębnym dziełem fikcyjnym.

BALZAKOWSKIE POSTACIE

Podobnie jak w innych powieściach z *La Comédie Humaine*, bohaterów *Straconych złudzeń* można określić jako "balzakowskich". Przede wszystkim należy zauważyć, że powieści Balzaca zaludniają dwa różne typy postaci:

- **"Portrety"**, których wygląd fizyczny i osobowość są opisane niezwykle szczegółowo, a cechy charakteru często wyolbrzymione. Wszyscy główni bohaterowie *Straconych złudzeń* należą do tej kategorii, podobnie jak ojciec Davida, który jest starym, chciwym pijakiem.

- **"Figurki"**, które mają tendencję do bycia częścią większej grupy. Chociaż poszczególne postaci z tej grupy są opisane stosunkowo mało szczegółowo, ich obecność w powieści sprawia, że grupa, do której należą, wydaje się bardziej charakterystyczna. Do tej kategorii należą na przykład arystokraci, którzy uczęszczają do salonu pani de Bargeton.

Większość bohaterów Balzaka jest do niego w jakimś stopniu podobna, a on sam dodaje do nich cechy fizyczne i osobowościowe osób, które znał, aby stworzyć tak zwany "portret kompozytowy". Na przykład powszechnie uważa się, że postać panny des Touches w *Straconych złudzeniach* została zainspirowana przez przyjaciółkę Balzaca, George Sand (francuska pisarka, 1804-1876). Balzac starał się uczynić osobowości swoich bohaterów tak uniwersalnymi, jak to tylko możliwe, aby móc wykorzystać je do reprezentowania całej części populacji.

Konstruując swoich bohaterów, Balzac chciał przede wszystkim nadać im interesującą rolę, która mogłaby ewoluować w trakcie powieści i stać się częścią większego obrazu, który tworzył: na przykład pani de Bargeton wydaje się niemal śmieszna, gdy przebywa w Angoulême, ponieważ jej maniery odróżniają ją od reszty prowincjonalnego społeczeństwa i nie jest w stanie się tam rozwijać; jednak jej postać nabiera głębi po przeniesieniu się do Paryża.

PARYŻ JAKO CENTRUM ŚWIATA LITERACKIEGO

Jak już wspomnieliśmy, Paryż i wieś są w *Straconych złudzeniach* przedstawione jako przeciwieństwa. W tym okresie żadne dzieło literackie nie było uważane za prawdziwie "francuskie", jeśli nie zostało napisane w Paryżu, który był centralnym ośrodkiem księgarzy, drukarni, krytyków i autorów. W związku z tym każdy autor, który mieszkał poza stolicą i chciał opublikować swoje dzieło, był automatycznie określany jako autor regionalny, a nie francuski, nawet jeśli mieszkał zaledwie kilkadziesiąt mil za miastem. Z tego powodu wielu pisarzy przyjeżdżało do Paryża w nadziei na rozpoczęcie udanej kariery literackiej, jak to czyni Lucien w *Straconych złudzeniach*. Tymczasem pisarze z prowincji, aby odnieść sukces, musieli pracować w tak zwanych "niszach" rynkowych, jak to miało miejsce na przykład w przypadku belgijskich symbolistów.

Ta koncepcja "literackiego centrum" jest jednak kwintesencją Francji i nie ma bezpośredniego odpowiednika w innych kulturach literackich na świecie.

DALSZA REFLEKSJA

KILKA PYTAŃ DO PRZEMYŚLENIA...

- Dlaczego członkowie *cenobium* odradzają Lucienowi angażowanie się w dziennikarstwo? Czy ich przewidywania okazują się trafne? Dlaczego?

- Do jakiej podkategorii *La Comédie Humaine* należy ta powieść? Dlaczego? Wyjaśnij swoją odpowiedź.

- Dlaczego Balzac wprowadza do swojej twórczości elementy innych gatunków literackich? Jaki jest jego cel w tym działaniu?

- Dlaczego można powiedzieć, że zakończenie tej powieści zawiera lekcję moralną? Na czym ona polega? Wyjaśnij swoją odpowiedź.

- Balzac używa w tej powieści bardzo dużo opisów. Jakie są jego powody, aby to robić? Wyjaśnij swoją odpowiedź, wykorzystując fragmenty tekstu.

- Czy uważasz, że ta powieść mogłaby być łatwo zaadaptowana na potrzeby teatru? Dlaczego tak lub dlaczego nie?

- Jak Balzac przedstawia świat dziennikarstwa?

- Na początku przygód dwojga kochanków w Paryżu Balzac pisze: "W pani de Bargeton i w Lucienie działał proces odczarowania; przyczyną był Paryż". Co chce przez to powiedzieć? Wyjaśnij swoją odpowiedź.

- Teraz, gdy znasz już postać Luciena, wyobraź sobie, co może go spotkać w *Blaskach i nędzach życia kurtyzany*.

DALSZE CZYTANIE

WYDANIE REFERENCYJNE

Balzac, H. (2004) *Stracone złudzenia*. Trans. Małżeństwo, E. [online]. Urbana: Project Gutenberg. [Dostęp 27 lipca 2018]. Dostępny w: <http://www.gutenberg.org/ebooks/13159>.

Chcemy usłyszeć od Ciebie, co się dzieje!
Zostaw komentarz na temat swojej internetowej biblioteki
i podziel się swoimi ulubionymi książkami w mediach społecznościowych!

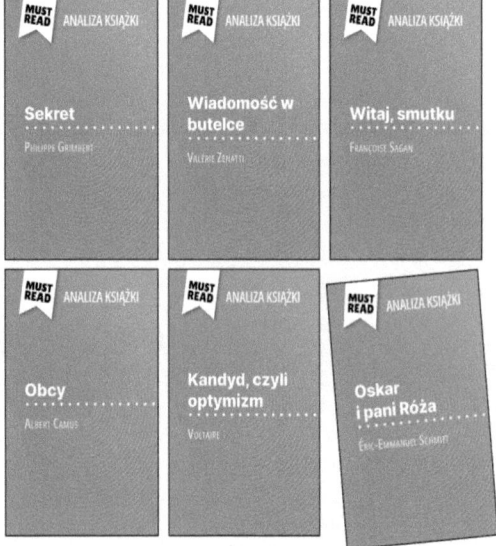

Wydawca zapewnia o wiarygodności publikowanych informacji, co jednak nie może wiązać się z jego odpowiedzialnością.

www.50minutes.com

Master ISBN: 9782808694025
Papierowy ISBN: 9782808615426
Depozyt prawny: D/2023/12603/1822

Verhaal: © Primento

Projekt cyfrowy: Primento, cyfrowy partner wydawców.